L'HÉRITAGE ÉNIGMATIQUE DE JEFFREY EPSTEIN

Une Histoire Captivante De Pouvoir, Corruption Et Dépravation

Ethan Hoover

Table Des Matières

Introduction

Le nom de Jeffrey Epstein est devenu synonyme de scandale, de controverse et du côté sombre de l'élite ultra-riche. Né et élevé à New York, la jeunesse d'Epstein a été marquée par une éducation de classe moyenne, mais sa carrière dans la finance l'a finalement amené à amasser une fortune immense et à s'établir comme un financier bien connecté avec des liens avec certaines des personnes les plus puissantes et influentes du monde.

L'ascension d'Epstein vers la proéminence a été marquée par un vaste cercle social comprenant des politiciens, des célébrités et d'autres personnalités de premier plan. Sa richesse et ses connexions lui ont permis de fréquenter les riches et les célèbres, souvent par le biais d'œuvres philanthropiques. Cependant, sous le vernis de son train de vie luxueux et de ses connexions de haut niveau, la vie d'Epstein était marquée par un secret sombre: il était un délinquant sexuel condamné.

En 2005, Epstein a été arrêté à Palm Beach, en Floride, après des allégations selon lesquelles il aurait payé une fille de 14 ans pour avoir des relations sexuelles. Malgré la gravité des accusations, Epstein a été autorisé à plaider coupable en 2008 pour une infraction moins grave, et il a purgé 13 mois dans un programme de travail pénitentiaire. Ses démêlés avec la justice étaient loin d'être terminés, car des procureurs fédéraux de New York l'ont inculpé en 2019 pour traite sexuelle. Il s'est suicidé en prison en août 2019 alors qu'il attendait son procès.

L'histoire de Jeffrey Epstein est un conte de richesse, de pouvoir et de tromperie. C'est une histoire qui a captivé l'attention du public et déclenché une indignation généralisée. C'est une histoire qui a mis en lumière le côté sombre de l'élite ultra-riche et les extrémités auxquelles ils iront pour protéger les leurs.

Ce livre, "L'héritage opaque de Jeffrey Epstein: un récit captivant de pouvoir, de corruption et de dépravation", plonge dans les profondeurs des activités criminelles d'Epstein, le cercle social de haut niveau qu'il a cultivé et les poursuites judiciaires qui ont finalement conduit à sa mort. À travers un récit vivant et une analyse approfondie, nous explorerons les crimes scandaleux de Jeffrey Epstein et découvrirons la vérité derrière l'homme qui a été décrit comme "l'un des plus grands soutiens de la science de pointe".

Ce livre n'est pas seulement un récit des événements qui ont conduit à la chute d'Epstein. C'est un appel à l'action, une demande de justice et un avertissement à ceux qui abuseraient de leur pouvoir et de leurs privilèges. C'est un rappel que personne n'est au-dessus des lois, quelles que soient sa richesse ou son influence.

Partie I

Les Origines Et L'ascendance De Jeffrey Epstein

Chapitre 1

Sa Jeunesse Et Son Chemin Vers La Richesse

Les débuts de la vie de Jeffrey Epstein ont été marqués par des débuts modestes et une volonté de réussir. En 1953, Jeffrey est né dans la famille de Seymour George Epstein (1916-1991) et Pauline « Paula » Stolofsky (1918-2004), d'origine juive vivant à Brooklyn, New York. Pauline a travaillé comme aide-enseignante et a également rempli ses tâches ménagères, tandis que George a travaillé comme jardinier et jardinier pour le département des parcs et des loisirs de la ville de New York.

Jeffrey Epstein a commencé son voyage vers l'indépendance financière dans les années 1970. C'était un personnage énigmatique aux origines obscures et aux grandes ambitions. Bien qu'il n'ait pas de références impressionnantes, le charismatique natif de Brooklyn a décroché un emploi à la Dalton School d'élite en 1974, après avoir abandonné l'Institut des sciences mathématiques de l'Université de New York. Il a enseigné la physique et les mathématiques à des adolescents privilégiés de l'Upper East Side.

De l'avis de tous, Epstein était un enseignant inhabituel – plus un pair qu'une figure d'autorité pour ses étudiants. Il assistait à leurs fêtes, plaisantait d'égal à égal avec elles et accordait une attention particulière aux adolescentes, qui étaient souvent laissées bouche bée par ce jeune homme non conventionnel. Certains parents ont été impressionnés par son charme et sa passion, tandis que d'autres ont noté des violations des limites, en particulier envers les étudiantes. Moins de deux ans plus tard, de nébuleux « problèmes de performance » l'amenèrent à se faire congédier de Dalton.

Pourtant, ce revers n'a semblé que propulser Epstein plus haut dans les rangs de la haute société new-yorkaise. Alors qu'il enseignait les mathématiques à l'école préparatoire de Dalton, un poste de tuteur pour le fils du président de Bear Stearns, Alan Greenberg, a ouvert des portes à Epstein, issu de la classe moyenne, avant qu'il ne soit renvoyé de Dalton. Son expertise dans la gestion du portefeuille de titres immobiliers et hypothécaires de la société a jeté les bases de son succès futur.

Il a quitté Bear Stearns dans des circonstances mystérieuses en 1981 lors d'une lutte de pouvoir au sein de l'entreprise, affirmant plus tard qu'il conservait techniquement le statut de « commanditaire » lui accordant un accès spécial. La transition d'Epstein vers le monde de la finance a marqué un tournant important dans sa vie.

En 1981, Epstein a pris une mesure audacieuse et a fondé sa société connue sous le nom d'Intercontinental Assets Group Inc. (IAG). À l'aide d'un réseau astucieux et d'un somptueux name-dropping, Epstein s'est positionné comme un prodige de Wall Street et un fixeur financier pour les stars.

Au cours de la décennie suivante, Epstein a amassé une liste de clients qui se lisait comme un who's who de milliardaires, d'héritières et de titans des affaires et de la politique. Il a sauvé des fortunes familiales détournées dans des transactions internationales complexes, a côtoyé la royauté et des conseillers, et a infiltré les cercles intimes de l'élite grâce à son charme et à son don pour faire disparaître les problèmes.

Bien sûr, les mythes tournaient autour d'un personnage aussi grand que nature. Certains ont chuchoté qu'Epstein était lié à la CIA ou au Mossad, volant autour du monde pour des missions clandestines. D'autres ont fait allusion à des liens avec des trafiquants d'armes et des fraudeurs, des liaisons dangereuses à peine dissimulées derrière sa façade distinguée.

En vérité, Jeffrey Epstein était un homme aux nombreux secrets, avec de nombreuses raisons d'éviter l'examen minutieux de son passé ou de ses relations d'affaires. Publiquement, il a revendiqué une grande richesse en gérant des actifs et des fonds d'investissement pour le milliardaire Leslie Wexner et d'autres clients de premier plan. Mais les enquêteurs et les journalistes qui se sont ensuite penchés sur les transactions d'Epstein allèguent qu'une grande partie de son style de vie, ses multiples maisons somptueuses, une flotte de jets de luxe et des voitures valant des millions, ne semble pas soutenue par des

actifs connus, ce qui soulève des questions sur
d'autres sources de revenus moins transparentes.

Au début des années 2000, Epstein atteignait le
zénith de son pouvoir et de son influence. Il organisait
des fêtes brillantes et exerçait une influence dans le
monde de la banque, des affaires, de la politique et du
droit. En tant que grand mécène des arts et des
sciences, il fréquentait Stephen Hawking et d'autres
sommités. Il devenait intouchable.

Du moins, c'est ce qu'il semblait... En 2005, la police
de Palm Beach a ouvert une enquête d'infiltration sur
des allégations d'abus sexuels sur des mineurs. Les
détectives ont été choqués par ce que leur enquête de
13 mois a révélé sur le style de vie sordide d'Epstein.

Prodiguant de l'argent, des cadeaux et des promesses
d'opportunités de mannequinat et d'acteur, Epstein a

systématiquement préparé et contraint des lycéennes vulnérables à se livrer à des actes sexuels dans son manoir de Palm Beach. Les victimes ont rapporté des massages bizarres qui se transformaient en abus sexuels de la part d'Epstein, souvent pendant qu'il se faisait plaisir. Par la suite, il leur versait 200$ ou 300$ et les envoyait sur leur chemin. Les détectives ont été en mesure d'identifier près d'une trentaine de victimes potentielles.

Confronté à des preuves accablantes de son schéma de trafic sexuel d'enfants depuis des années, Epstein a tiré parti de ses relations pour conclure un accord de plaidoyer extraordinairement clément et illégal accordant une immunité générale aux « co-conspirateurs » nommés et non nommés. Ainsi, il n'a purgé que 13 mois dans le luxe privé. Bien qu'il ait été tenu de s'enregistrer en tant que délinquant sexuel, il n'a fait l'objet d'aucune accusation d'État ou fédérale. Même la richesse stupéfiante de Jeffrey Epstein n'a pas pu le protéger complètement de la justice, mais

elle s'en est approchée de manière choquante.
Consterné, le détective principal chargé de son affaire
a démissionné en signe de protestation.

À la fin des années 2000, Epstein a été
temporairement réprimandé au milieu de scandales
tourbillonnants, mais a tout de même assisté à des
événements prestigieux comme le mariage royal de la
princesse Beatrice et a maintenu ses propriétés et ses
relations dans le monde entier. En 2016, Epstein a
commencé à agir discrètement pour consolider le
contrôle des fonds d'amorçage d'une start-up
technologique israélienne de l'ombre appelée
Carbyne.

La société précoce a été fondée par le Premier
ministre Ehud Barak et peuplée d'anciens membres
de l'unité d'élite des services de renseignement et des
cyber-opérations israéliennes 8200. Décrite comme
une plate-forme d'urgence 911, Carbyne a capturé des

données sensibles et des vidéos en direct. Epstein a investi au moins 1 million de dollars et a servi de canal intégral entre la start-up et les opportunités aux États-Unis. Compte tenu de ses fondateurs et de ses capacités, beaucoup ont spéculé que l'objectif sous-jacent de Carbyne était l'espionnage et la surveillance pour le compte de l'État d'Israël sous le couvert d'un produit de consommation.

En juillet 2019, Epstein s'est senti à nouveau intouchable et a fait la jet-set entre de somptueuses propriétés à New York, Paris, au Nouveau-Mexique et son île privée. Des équipes tournantes de belles jeunes femmes accompagnaient chacun de ses mouvements, souvent deux ou trois par jour. Cependant, les événements qui vont anéantir son héritage se cachaient silencieusement dans l'ombre.

Chapitre 2

Sa Vie Personnelle Et Ses Amis

Jeffrey Epstein habitait l'apogée scintillante du pouvoir, de la richesse et de la notoriété, mais restait une énigme spectrale, même pour la plupart des membres de son cercle doré. Avec des maisons opulentes à Palm Beach, New York, Santa Fe et son île privée des Caraïbes, Epstein a conçu une aura de privilège et de secret qui a attiré des scientifiques, des politiciens, des membres de la royauté et des célébrités dans son champ gravitationnel.

Au cœur de l'opération d'Epstein se trouvait Ghislaine Maxwell, la fille préférée du magnat britannique corrompu de l'édition Robert Maxwell. Ghislaine a rencontré Epstein à un moment critique en 1991, peu de temps après la mort mystérieuse de son père. Elle est devenue sa plus proche compagne et administratrice en chef, prenant en charge la gestion des foyers d'Epstein et l'introduisant à son vaste réseau de contacts d'élite.

Jeffrey Epstein a fait sa fortune jeune grâce à des moyens encore obscurs dans la banque et les investissements. Dans les années 1980, Epstein s'est déjà installé dans l'orbite du cercle social de Donald Trump, forgeant une amitié entre deux hommes impétueux et alimentés à la testostérone menant des modes de vie parallèles de playboy. Comme l'a rappelé plus tard un fêtard qui les connaissait tous les deux : « Ils étaient serrés. Ils étaient les ailiers l'un de l'autre.

Mais Epstein avait de plus grandes ambitions que de simplement s'adonner à la scène festive décadente de

New York. Comme il l'a dit à Vanity Fair en 2003 : « Je veux être la personne la plus intéressante à la table du dîner. » Il a fait un don généreux à Harvard et a organisé des conférences exclusives dans sa maison de ville de Manhattan, rassemblant des scientifiques lauréats du prix Nobel, des banquiers de Wall Street et des entrepreneurs de la Silicon Valley. En 2002, le porte-parole de Clinton a vanté Epstein comme « à la fois un financier très prospère et un philanthrope engagé » avec « perspicacité et générosité ».

Derrière le vernis de l'intellectualisme et de la philanthropie, cependant, des témoins ont rapporté qu'Epstein prenait un plaisir furtif à briser les tabous sexuels pour choquer ses invités de la haute société. Le personnel de maison a témoigné que Ghislaine facilitait volontairement les compulsions les plus destructrices d'Epstein, y compris son désir de jeunes filles. Loin de cacher cette prédilection, Epstein a fait étalage de son style de vie à de nombreux amis et visiteurs.

Personne n'a mieux illustré l'attitude impétueuse d'Epstein que Donald Trump, qui avait observé l'ascension d'Epstein sur la scène sociale de Palm Beach avec une rivalité croissante. Selon le magazine New York, « Epstein et Trump sont des pairs de Palm Beach qui partageaient bon nombre des mêmes intérêts, à savoir les jeunes filles et l'argent ».

Leur concurrence amicale est devenue ouvertement hostile en 2004 lorsqu'Epstein a surenchéri sur Trump d'un million de dollars pour acheter un domaine extravagant à Palm Beach. Trump aurait riposté en interdisant à Epstein d'entrer dans son complexe hôtelier de Mar-a-Lago après qu'Epstein ait fait des avances sexuelles inappropriées à des jeunes femmes.

Une autre confidente apparemment incongrue d'Epstein était l'ancien président Bill Clinton. Les archives montrent qu'Epstein s'est rendu pour la première fois à la Maison Blanche de Clinton en 1993 aux côtés de Ghislaine Maxwell et a rencontré l'assistant principal Mark Middleton à plusieurs reprises au cours de sa présidence.

Les carnets de vol révéleront plus tard que le président Clinton a volé plus de deux douzaines de fois dans le jet privé d'Epstein entre 2001 et 2003 aux côtés des acteurs Kevin Spacey et Chris Tucker lors de voyages humanitaires en Afrique et en Asie. Au moins cinq vols n'ont montré aucun garde des services secrets accompagnant Clinton, contrairement au protocole. Malgré les affirmations selon lesquelles Epstein n'était pas au courant des activités illicites d'Epstein impliquant des mineurs au cours de cette période, de telles défaillances ont nui à la crédibilité de Clinton.

Dans l'ensemble du spectre politique, des personnalités de premier plan ont courtisé l'attention et les largesses d'Epstein. Epstein s'est mêlé sans effort aux élites libérales de New York tout en se liant d'amitié avec le prince conservateur Andrew à Londres. Son « petit livre noir » contenait des contacts allant du Premier ministre israélien Ehud Barak, du Premier ministre britannique Tony Blair et de plusieurs membres de la famille royale du Moyen-Orient, ainsi que des célébrités telles que Woody Allen, Mick Jagger et Courtney Love.

Pourtant, même après avoir purgé 13 mois de prison en 2008-2009 pour avoir sollicité une fille mineure à des fins de prostitution, Epstein a maintenu son vaste réseau social au sommet du pouvoir. Des employées ont témoigné que Ghislaine a continué de jouer un rôle central dans la gestion de son ménage jusqu'à ces dernières années.

Lorsqu'Epstein a été retrouvé mort par suicide apparent le 10 août 2019 dans sa cellule de prison de Manhattan, il a emporté avec lui de nombreux secrets inconfortables dans la tombe. Pourquoi tant de titans de la politique, des affaires et de la culture se sont-ils sentis attirés dans l'orbite de quelqu'un avec la réputation ouvertement transgressive d'Epstein impliquant des jeunes filles ? Dans quelle mesure savaient-ils qu'il se livrait à ses activités illicites ou y participaient-ils ?

Les sombres mystères qui se cachent derrière les relations d'Epstein avec ses riches facilitateurs persistent comme un rappel que même les plus hauts échelons de la société peuvent devenir captifs de la faiblesse humaine incontrôlée pour le pouvoir, la richesse et le désir charnel. Comme la figure mythique d'Icare, Epstein s'est dangereusement approché du soleil, les ailes de cire fondant alors qu'il plongeait des hauteurs scintillantes du succès à l'ignominie.

Pourtant, les signes de danger étaient visibles depuis des années pour ceux qui entouraient Epstein. Bien qu'il ait finalement fait face à la justice seul en se suicidant, des questions plus profondes subsistent sur les raisons pour lesquelles les riches et les influents sont restés sous l'emprise de ce prince sombre de Palm Beach pendant si longtemps.

Partie II

Démêler Les Scandales

Chapitre 3

Allégations D'agression Sexuelle

En 2005, Jeffrey Epstein avait réuni tous les attributs d'un financier milliardaire au sommet de l'élite culturelle américaine. Il partageait son temps entre un manoir en pierre dans l'Upper East Side de Manhattan, un domaine bordé de palmiers à Palm Beach et une île privée des Caraïbes surnommée « Little St. James ».

Des scientifiques, des banquiers de Wall Street, des politiciens et des célébrités volaient dans le Boeing 727 du financier ou se prélassaient dans ses propriétés. Son amie proche et ancienne petite amie Ghislaine Maxwell a facilité ce style de vie scintillant, cimentant l'accès d'Epstein à des contacts riches et puissants.

Pourtant, dans les coulisses, Epstein avait également passé des années à assembler secrètement un harem de jeunes filles mineures vulnérables issues de milieux pauvres, les manipulant pour qu'elles leur fournissent des massages érotiques et accomplissent d'autres actes obscènes. Selon les récits rassemblés par les détectives de la police de Palm Beach en 2005, Ghislaine a agi en tant que recruteuse et coordinatrice en chef d'Epstein, facilitant activement ses activités illicites plutôt que de les arrêter.

La première accusation accablante est venue d'une femme en détresse de Floride qui a contacté la police de Palm Beach en mars 2005, alléguant que sa belle-fille de 14 ans s'était déshabillée en sous-vêtements tout en massant Epstein pour 300$ lors d'une visite à son manoir. Les détectives ont lancé une enquête

approfondie de 13 mois, identifiant jusqu'à 80
victimes potentielles avec une cohérence choquante
dans leurs récits d'abus.

Les survivants ont raconté avoir été recrutés à
l'extérieur des lycées ou des centres commerciaux par
une « assistante » plus âgée, avant de se voir offrir des
centaines de dollars pour fournir des massages et des
services sexuels à la résidence d'Epstein à Palm Beach.
Les carnets de vol ont montré que le jet privé
d'Epstein transportait des jeunes filles à travers les
frontières de l'État.

Les mandats de perquisition au domicile d'Epstein ont
révélé des preuves corroborantes, des caméras
cachées pointant vers la table de massage à un reçu
Amazon pour des manuels sexuels SM. Malgré les
preuves accablantes, Epstein a tiré parti de ses
relations juridiques et politiques pour échapper à de
graves accusations. Alan Dershowitz, professeur de

droit à Harvard, a aidé à négocier un « accord
amical » avec les procureurs fédéraux en 2007 pour
qu'Epstein ne plaide coupable qu'à des accusations
mineures de sollicitation.

Pourtant, la punition clémente d'Epstein a déclenché
un effort de dix ans de la courageuse journaliste du
Miami Herald, Julie Brown, à partir de 2018, pour
exposer toute l'étendue des abus présumés d'Epstein,
l'accord de plaidoyer secret et les hommes de haut
niveau proches d'Epstein qui ont peut-être participé à
la prédation de mineurs ou, au moins, ont permis son
style de vie par aveuglement volontaire. Les détectives
de police qui ont enquêté sur l'affaire initiale de 2005
ont subi du harcèlement et des menaces, indignés par
le fait qu'Epstein n'ait pas été pleinement traduit en
justice beaucoup plus tôt.

En 2019, Epstein a de nouveau fait face à de graves
accusations et potentiellement à la prison à vie pour

de nouveaux chefs d'accusation de trafic sexuel. Mais il s'est apparemment suicidé le 10 août dans sa cellule de prison de Manhattan, emportant tous les secrets restants sur ses activités dans la tombe. Cette saga sordide a néanmoins mis en évidence la façon dont les environnements d'élite peuvent favoriser les abus lorsque la transparence et la responsabilité font défaut.

Epstein lui-même avait apparemment depuis longtemps des tendances sociopathiques associées à des compulsions d'exploitation sexuelle. Pourtant, le financier a également habité des mondes profondément stratifiés de courtiers de pouvoir presque entièrement masculins où les comportements déviants sont devenus normalisés, peut-être même célébrés en secret. Les filles vulnérables attirées dans l'orbite d'Epstein venaient souvent de familles de la classe ouvrière ou de foyers brisés. Ils ont été éblouis par son extraordinaire richesse, puis se sont progressivement acclimatés pour satisfaire les désirs illégaux d'Epstein tout en sachant bien qu'il avait délibérément détruit leur avenir.

Bien sûr, toutes les sommités de l'entourage d'Epstein n'ont pas participé directement à une telle exploitation. Mais on ne sait toujours pas à quel point ses célèbres amis et visiteurs ont simplement fermé les yeux pendant de nombreuses années. Selon un observateur interne de l'élite de Palm Beach, « le comportement prédateur est très simple. C'est extrêmement facile à comprendre. Cela se résume à une règle d'or très simple, qui est de s'attaquer aux personnes vulnérables.

Même après avoir purgé une peine de prison, Epstein a maintenu un vaste réseau de riches et d'influents autour de lui. La facilité avec laquelle Epstein a échappé aux conséquences pendant si longtemps a souligné une vérité amère : dans les mondes de pouvoir et de richesse concentrés qu'Epstein habitait, les règles ne s'appliquaient tout simplement pas de la même manière que pour les hommes et les femmes ordinaires. Ses relations s'étendaient à travers les forces de l'ordre, la politique, le milieu universitaire et la haute société. La responsabilité s'est avérée glissante pendant des décennies jusqu'à la décision finale d'Epstein.

Chapitre 4

Autres Affaires Civiles Et Accusations Criminelles

Alors que Jeffrey Epstein a tiré parti de sa richesse et de ses relations pour échapper à une punition sévère pendant des années, ses accusateurs ont refusé de garder le silence même si les chances s'allongeaient contre eux. Leur quête incessante de justice, tant au tribunal qu'à l'extérieur, a finalement forcé les révélations sur le réseau présumé de trafic sexuel de mineurs d'Epstein.

Le premier procès civil connu a fait surface en février 2008 lorsqu'une femme anonyme de Virginie surnommée « Jane Doe » a intenté une poursuite fédérale de 50 millions de dollars contre Epstein. Elle a affirmé que Maxwell l'avait recrutée à l'âge de 16 ans en 2004 pour fournir des massages érotiques à Epstein qui impliquaient un contact sexuel forcé dans son manoir de Palm Beach pour quelques centaines de dollars.

Jane Doe a retiré sa plainte peu de temps après l'avoir déposée sous la contrainte, mais les allégations ont marqué le début d'un torrent d'actions en justice à suivre de la part d'une liste croissante de survivants présumés identifiés et anonymes. Une autre victime, représentée par le même avocat, a intenté une action en justice identique de 50 millions de dollars à Palm Beach en mars 2008 pour des accusations étonnamment similaires.

Ces premières accusatrices ont fait l'objet d'hostilité ou de menaces pour avoir associé leur nom à des plaintes d'abus sexuels contre un puissant financier.

Mais leur détermination obstinée a donné le coup d'envoi d'un cycle qui a progressivement encouragé davantage de victimes d'Epstein à demander des comptes par le biais de poursuites civiles et à empêcher les autorités de balayer complètement les infractions sous le tapis.

La victime la plus en vue d'Epstein devenue une avocate vocale, Virginia Roberts Giuffre, a partagé pour la première fois son histoire traumatisante sous serment dans une déclaration sous serment fédérale de décembre 2014. Elle a décrit avoir été victime de la traite des êtres humains en tant que mineure par Epstein et Maxwell auprès d'hommes puissants pour des massages érotiques et des rapports sexuels. « J'ai été exploitée dès le premier jour », a révélé Giuffre.

Les allégations largement médiatisées de Giuffre ont déclenché des crises de réputation pour le prince Andrew et l'avocat Alan Dershowitz, qui a farouchement nié ses allégations. Qualifiant Giuffre de « menteuse et de fantaisiste », Maxwell a riposté par des attaques au vitriol qui ont conduit Giuffre à intenter un procès en diffamation en 2015 contre elle et Epstein. L'affaire a été réglée en 2017 avec des termes non divulgués.

En avril 2019, l'artiste Maria Farmer a affirmé qu'elle et sa sœur mineure avaient été abusées sexuellement par Epstein et Maxwell à des endroits distincts à l'été 1996 après qu'Epstein ait embauché Maria pour un projet artistique. Elle a signalé l'incident de l'Ohio au FBI et à la police de New York.

La portée des allégations contre Epstein a continué de s'élargir de la part de femmes d'origines diverses, unies par des modèles d'exploitation. Jennifer Araoz a révélé dans un procès de 2019 qu'une associée d'Epstein à l'extérieur de son lycée de Manhattan avait systématiquement soigné Araoz à l'âge de 14 ans avant qu'Epstein ne la viole à 15 ans.

Certaines accusatrices d'Epstein venaient de milieux modestes et de foyers brisés. Mais d'autres, comme Araoz, avaient des familles stables de la classe moyenne, mais restaient vulnérables à des offres apparemment uniques de la part de riches bienfaiteurs liés à Epstein. Le financier s'est appuyé sur une série de recruteurs pour canaliser les mineurs vers ses résidences, en utilisant de fausses offres de gains, de célébrité ou d'avancement de carrière comme incitations.

Dans sa dernière tentative de défense, Epstein a minimisé la gravité des accusations portées contre lui, étant donné que l'âge du consentement dans certaines juridictions peut être inférieur à 18 ans. Cependant, la dynamique prédatrice alléguée dans les récits des victimes a mis en évidence des déséquilibres fondamentaux et des abus de confiance.

De nombreuses filles et jeunes femmes ont décrit des sentiments de confusion ou d'intimidation lorsqu'elles sont arrivées seules chez un milliardaire beaucoup plus âgé pour soi-disant offrir des services de massage sans bien comprendre les attentes supplémentaires en matière de nudité ou d'exigences sexuelles. D'autres craignaient les conséquences d'un milliardaire vindicatif aux ressources apparemment illimitées s'ils refusaient de se conformer aux attentes croissantes.

Les accusateurs d'Epstein étaient souvent payés des centaines de dollars par massage sexualisé, préparant leur acquiescement progressif le long d'un spectre de dégradation sous le couvert de l'argent facile. Les victimes ont exprimé un sentiment de honte, d'exploitation et de piégeage.

L'inaction de la police contre Epstein, qui s'étend sur
de nombreuses années, a encore enhardi la prédation
et la coercition, selon les survivants. En 2019,
l'indignation du public face au traitement préférentiel
accordé aux riches délinquants sexuels a incité les
autorités à enfin porter des accusations sérieuses
contre Epstein et à considérer ses complices
présumés.

Au-delà d'un vaste litige aux États-Unis, Epstein a
également été confronté à des risques juridiques à
l'étranger en 2019. Les procureurs français ont ouvert
leur enquête criminelle sur les crimes présumés
d'Epstein commis localement ou à l'étranger contre
des citoyens français, dans le but de découvrir
d'autres victimes en Europe.

La mort d'Epstein n'a pas mis fin aux demandes
croissantes du public pour la vérité. Dans les heures
qui ont suivi sa mort choquante, plus de 2 000 pages

de documents judiciaires scellés relatifs à des litiges antérieurs ont été rendues publiques de force, malgré la résistance d'intérêts anonymes puissants.

Dans les mois qui ont suivi, les victimes d'Epstein ont envisagé une action en justice contre sa succession de 577 millions de dollars. Pendant ce temps, de puissantes institutions autrefois étroitement liées à Epstein, comme JP Morgan Chase, ont fait l'objet de poursuites judiciaires pour avoir permis des flux d'argent qui protégeaient son monde « privilégié » de tout contrôle.

Bien que leur agresseur ne soit jamais pleinement traduit, le courage des survivants du traumatisme d'Epstein qui ont dit leurs vérités difficiles au cours d'années de litige a finalement fait pencher la balance en faveur d'une plus grande transparence. Leur détermination implacable a pleinement exposé un personnage insidieux qui s'appuyait sur la peur, le secret et sa monnaie sociale pour dissimuler des actes horribles au public derrière un masque de prestige.

Alors que les stratagèmes d'Epstein ont affecté des centaines de filles ordinaires, la responsabilité demandée par ses accusatrices devant le tribunal a envoyé des ondes de choc dans les cercles d'élite de politiciens, d'hommes d'affaires, de membres de la royauté et de célébrités qui ont voyagé dans son orbite. En cherchant à obtenir justice en dépit de la honte, des menaces et des chances impossibles, leur persistance collective a détruit les systèmes permettant l'exploitation des puissants.

Le long drame qui s'est déroulé de Palm Beach à Manhattan, des accusatrices d'Epstein luttant contre les institutions par le biais de poursuites civiles, a mis en évidence les thèmes du genre et de la classe – de la richesse, du pouvoir masculin et des privilèges opposés aux filles et aux femmes défavorisées. Bien que la loi n'ait pas réussi à rattraper Epstein assez rapidement au cours de sa vie, il n'a pas pu éluder la vérité derrière les histoires de ses victimes.

Leur engagement courageux en faveur de la transparence a laissé une marque indélébile pour les générations futures : même ceux qui semblent impuissants et marginalisés ont des voix qui doivent être entendues.

Chapitre 5

Tourbillonnant Dans L'obscurité

En surface, Jeffrey Epstein possédait toutes les caractéristiques des ultra-riches. Il possédait de somptueuses demeures, des voitures de sport exotiques, une flotte de jets privés et même ses îles privées des Caraïbes surnommées « Little St. James » et « Great St. James ».

Pourtant, derrière l'étalage ostentatoire d'extravagance se cachaient des vérités plus complexes. Bien qu'il ait été largement qualifié de financier milliardaire dans les profils des médias de son vivant, les sources réelles et l'étendue de la richesse d'Epstein sont restées largement opaques,

même pour ceux qui étaient autrefois ses plus
proches.

Il cultivait une aura d'exclusivité, de privilège et de
mystique qui, même aujourd'hui, génère des
spéculations sans fin sur son empire financier. Il
détournait souvent timidement les détails exacts sur
sa profession ou ses clients lorsque les rares
journalistes le demandaient.

Sous cette couche, Epstein s'est appuyé sur un cercle
étroit de mécènes ultra-riches pour financer son style
de vie pendant des décennies en échange de vagues «
services financiers ». Mais des fissures majeures dans
le monde privilégié d'Epstein ont commencé à faire
surface après qu'il ait plaidé coupable en 2008.

Le krach financier de 2008 a également durement
frappé Epstein, anéantissant d'importantes sommes

d'argent. Sans son image d'un milliard de dollars intacte, les projecteurs des médias se sont tournés vers la question de savoir si Epstein était plus un escroc qu'un as de la finance depuis le début. Plusieurs sources ont même comparé Epstein au personnage principal de « The Talented Mr. Ripley », un brillant sociopathe capable de refléter les intérêts et les manières des riches et des puissants pour infiltrer leurs rangs.

Après avoir lancé sa société de conseil Intercontinental Assets Group Inc, Epstein a trouvé son premier mécène majeur en la personne du magnat milliardaire de la vente au détail Leslie Wexner, PDG de la société propriétaire de Victoria's Secret. D'anciens employés d'Epstein l'ont décrit essentiellement comme le bras droit de Wexner pour les finances des années 1980 jusqu'en 2008 au moins, impliqué dans tous les aspects des affaires et de la vie privée de Wexner tout en percevant des honoraires en pourcentage de centaines de millions.

Pourtant, coïncidant avec le plaidoyer de culpabilité d'Epstein en 2008, Wexner a rompu les liens avec Epstein. L'éminent philanthrope républicain a affirmé plus tard qu'il n'était pas au courant d'actes illégaux et qu'il se présentait comme le seul bienfaiteur précoce d'Epstein.

Dans les années 2000, Epstein a également attiré un flux constant de clients milliardaires vers sa nouvelle société de gestion de fonds, facturant jusqu'à 100 millions de dollars pour des services de conseil tout en n'employant presque pas de personnel. Des dirigeants de la société de capital-investissement Apollo Global Management et l'ancien partenaire de Goldman Sachs, Leon Black, étaient des visiteurs réguliers du manoir d'Epstein à New York.

À lui seul, Black a versé à Epstein au moins 75 millions de dollars entre 2012 et 2017 pour des «

conseils financiers » indescriptibles, même après la condamnation d'Epstein. Bien qu'il ait été blanchi d'actes répréhensibles par un examen interne, Black a finalement démissionné de son poste de PDG et de président du conseil d'administration d'Apollo Global en 2021 sous la pression d'actionnaires perturbés par ses liens avec Epstein.

Lorsque les procureurs fédéraux de New York ont inculpé Epstein de trafic sexuel d'enfants en 2019, le mystère entourait encore sa richesse. Alors que les documents judiciaires faisaient état d'avoirs d'au moins 550 millions de dollars à l'époque, avec plus de 195 millions de dollars de fonds spéculatifs et d'actions, ainsi qu'un appartement parisien d'une valeur de 8,6 millions de dollars, il n'y avait curieusement que 56 millions de dollars sur des comptes en espèces pour un courtier aussi actif.

Les analyses médico-légales des finances d'Epstein ont brossé un portrait de la richesse systématiquement structurée pour échapper à l'examen minutieux grâce à des transactions offshore astucieusement complexes. Il possédait des dizaines de sociétés fictives et de fonds fiduciaires enregistrés dans des endroits comme les îles Vierges américaines et se spécialisait dans la dissimulation de pistes d'argent aux autorités.

Des journalistes d'investigation ont retracé comment Epstein a dissimulé son nom dans des documents bancaires en utilisant des entités telles qu'une société nommée « International Assets Group Inc. », essentiellement le même nom que sa première société de conseil fondée peu de temps après avoir quitté Bear Stearns dans les années 1980.

L'ampleur mondiale de la dissimulation financière d'Epstein a finalement émergé. Des documents divulgués ont révélé qu'Epstein détenait des comptes bancaires suisses avec des dizaines de millions d'économies. Le cabinet d'avocats offshore Appleby, spécialisé dans la création de véhicules d'investissement complexes pour les milliardaires, l'a également répertorié comme client en 1997.

Pourtant, beaucoup de mystère persiste sur les sources et l'emplacement actuel de la richesse d'Epstein depuis sa mort. Il n'a jamais rempli l'affidavit financier requis pour sa demande de caution, ce qui a suscité des conjectures sans fin sur l'endroit où le produit de sa succession de 577 millions de dollars a finalement été versé.

Ce qui est clair, c'est que Jeffrey Epstein est passé maître dans l'art de se camoufler tout en projetant son prestige, malgré l'absence de preuve qu'il soit diplômé de l'université ou qu'il ait correctement géré des investissements à l'échelle gargantuesque revendiquée. Son empire financier de poudre aux yeux lui a permis de préserver sa vie privée pendant des décennies pour dissimuler des secrets troublants et de la criminalité. Ironiquement, tenter de maintenir cette façade compartimentée a conduit à des comportements de plus en plus risqués qui ont abouti à sa disparition.

Chapitre 6

D'autres Découvertes Intrigantes

Outre les allégations sordides d'abus sexuels et les mystères entourant sa richesse, la vie énigmatique de Jeffrey Epstein contenait d'autres chapitres curieux suggérant un enchevêtrement de secrets.

Epstein possédait l'une des plus grandes maisons privées de Manhattan, un immense manoir en pierre de 21 000 pieds carrés sur East 71st Street, ainsi que des domaines luxueux dans des endroits comme Palm Beach, le Nouveau-Mexique et Paris. Ses joyaux de la couronne étaient des îles privées parmi les îles Vierges, achetées en 1998 et 2016. Ces refuges tropicaux comprenaient des villas, des plages, de petites villes et même des plans pour un « bureau sous-marin » inhabituel avant que la mort d'Epstein n'interrompe la construction.

Pourtant, l'opulence de l'empire immobilier d'Epstein cachait également des vérités plus sombres. Les employés ont décrit des caméras cachées surveillant les chambres et les zones privées de ses maisons, tandis qu'une étrange salle de bain comportait des globes oculaires prothétiques tapissant les murs et un téléphone à l'intérieur d'une armoire sous l'évier. Plus inquiétant encore, les îles d'Epstein accueillaient un flux constant de jeunes invitées partageant souvent ses résidences.

Le financier de BZ voyageait souvent entre ses résidences dans son jet privé Boeing 727, surnommé le « Lolita Express » par les habitants des îles Vierges pour ses arrivées de filles apparemment mineures.

Des témoins ont également observé Epstein recevoir des massages trois fois par jour de la part de jeunes femmes dans son manoir de Palm Beach dans le cadre de sa routine quotidienne.

Epstein a même maintenu des amitiés passées avec des sommités comme Bill Gates longtemps après avoir purgé 13 mois de prison de 2008 à 2009, alors que l'attention du public rendait les liens de plus en plus gênants. Gates a admis avoir rencontré Epstein à plusieurs reprises à partir de 2011 dans l'espoir d'obtenir des dons philanthropiques, bien que rien ne se soit matérialisé avant qu'Epstein ne soit englouti dans de nouveaux problèmes juridiques.

Le financier a également fait don de millions de dollars à Harvard et parrainé des conférences exclusives dans ses demeures, rassemblant des leaders d'opinion et s'efforçant de se positionner comme un philanthrope scientifique majeur. Au-delà du financement de recherches légitimes, cependant, Epstein nourrissait des intérêts personnels non conventionnels dans les extrêmes de la science.

Selon un rapport, Epstein était profondément fasciné par l'eugénisme et visait à utiliser subrepticement son ranch pour bébés du Nouveau-Mexique pour féconder jusqu'à 20 femmes à la fois avec son sperme dans l'espoir d'ensemencer son héritage génétique. Epstein a également exprimé des aspirations à ce que sa tête et son pénis soient cryogénisés après sa mort.

Avant sa disparition, Epstein a même entretenu une longue amitié avec l'ancien président Clinton, qui s'étend au moins de 1993 à 2006 et comprend des visites à la Maison Blanche, des collectes de fonds politiques, des promenades en jet et la coordination des projets de la Fondation Clinton. Des milliers de pages de documents judiciaires relatifs au réseau présumé de trafic sexuel d'Epstein ont été scellées de manière controversée pendant plus d'une décennie jusqu'à ce que l'indignation publique force finalement leur libération à partir de 2019, ajoutant aux soupçons de traitement préférentiel accordé à un condamné privilégié.

Tentant de dissimuler ses activités malgré des compulsions insatiables, Epstein a maîtrisé des tactiques pour éviter l'examen. Il s'entourait de facilitateurs prêts à satisfaire tous ses caprices sans poser de questions en échange de largesses. Il a créé des comptes d'entreprises offshore opaques dans des juridictions comme la Suisse pour dissimuler des actifs.

Selon les déclarations ultérieures d'Alex Acosta, l'ancien procureur américain de Floride qui a approuvé l'accord de plaidoyer de non-poursuite d'Epstein en 2007, universellement critiqué, « on m'a dit qu'Epstein appartenait aux services de renseignement et qu'il fallait les laisser tranquilles ». Epstein était également associé à l'éminent maître-espion israélien Robert Maxwell, père de Ghislaine Maxwell.

Le fantôme d'Epstein semblait hanter les présidents des deux côtés de l'allée politique. Les conservateurs ont dénoncé Bill Clinton pour ses liens suspects. Pendant ce temps, les progressistes ont fustigé Donald Trump pour son amitié passée avec Epstein, y compris une citation de 2002 où Trump s'est exclamé : « Je connais Jeff depuis quinze ans. Un gars formidable. C'est très amusant d'être avec lui. On dit même qu'il aime les belles femmes autant que moi, et beaucoup d'entre elles sont plus jeunes.

Pourtant, les démocrates et les républicains ont été aux prises avec les retombées une fois que les secrets sordides d'Epstein ont été révélés, soulignant les

risques de se mêler avec désinvolture à des
personnages compromis par opportunisme cynique.

Même après sa mort, Epstein a souligné à lui seul les failles du système judiciaire accordant un traitement spécial aux riches, l'aveuglement de la société à l'égard des signes d'inconduite s'ils sont gênants, et les dangers d'un pouvoir concentré divorcé de l'éthique. Son ombre planait également sur des institutions de l'establishment comme Harvard et JP Morgan Chase pour avoir canalisé la légitimité et l'argent vers un agresseur condamné.

Une enquête de plusieurs années menée par le bureau du procureur général des îles Vierges américaines a révélé de nombreuses preuves que Jeffrey Epstein a trafiqué des filles et des jeunes femmes mineures vers son île privée des Caraïbes, Little St. James, pendant des années avant son arrestation en 2019.

Les femmes transportées dans l'enceinte de l'île ont été soumises à des abus sexuels forcés, à l'exploitation et à la séquestration, selon les conclusions. Les passeports ont été confisqués dans certains cas, ce qui démontre l'isolement et le contrôle extrêmes qu'Epstein a exercés pour poursuivre ses crimes à l'abri des regards du public. Il a créé un écosystème élaboré de secret qui a dissimulé ses activités déviantes aux autorités locales et fédérales.

La richesse d'Epstein a permis la construction de ce paradis pédophile éloigné, équipé d'un manoir, d'un temple et d'autres installations pour se livrer à des caprices criminels. Il possédait le jet privé qui transportait ses victimes, les bateaux et l'hélicoptère qui les transportaient sur l'île, ainsi que le complexe labyrinthique qui cachait des scènes d'abus. Cela ressemblait à une prison, où il était impossible d'obtenir de l'aide.

Comment Jeffrey Epstein a-t-il gardé ses perversions clandestines pendant des décennies, surtout compte tenu de leur ampleur ? Il a acheté la confidentialité par le biais d'accords de non-divulgation avec les employés, probablement conçus pour empêcher les dénonciations. Même après la disparition d'Epstein, ces accords sont restés en vigueur selon l'enquête des îles Vierges, démontrant le pouvoir contraignant que les criminels de l'élite peuvent exercer d'outre-tombe.

De plus, Epstein s'est délibérément entouré de personnalités célèbres de la politique, des affaires et du monde universitaire. Ses puissants amis et associés ont fourni une protection, mais ont également suscité la peur de contester les méfaits d'Epstein. Le personnel ordinaire de Little St. James se sentirait raisonnablement terrifié à l'idée de représailles de la part de riches titans pour avoir dénoncé des inconduites. Surtout au sein d'un domaine insulaire isolé entièrement contrôlé par Epstein, le silence régnait.

Les îles Vierges américaines sont déterminées à empêcher que leur territoire ne serve de refuge à la traite des êtres humains et à l'exploitation sexuelle. Après avoir été entachées par les années de crimes incontrôlés de Jeffrey Epstein, les autorités visent à faire respecter vigoureusement les lois punissant la violence basée sur le genre et les abus sur les mineurs.

En tant que plus haut responsable de la loi, le procureur général insiste sur l'application de ces lois pour dissuader les futurs délinquants de croire qu'ils peuvent reproduire le stratagème d'Epstein. La culture du droit et de l'exploitation qu'il a favorisée par la richesse et les tactiques d'intimidation doit cesser. Ceux qui ont participé à ses préjudices de grande envergure ou qui en ont été les auteurs doivent encore rendre des comptes.

Bien que très tardif, l'empire insulaire de la corruption d'Epstein s'est finalement effondré. Mais les jeunes femmes et les filles innocentes qui ont survécu à ses cruautés méritent que justice leur soit rendue. Peut-être qu'à travers les actions en justice en cours et les témoignages des impuissants pris dans la toile d'Epstein, leurs voix peuvent enfin éclipser la sienne.

Grâce à ses démons implacables associés à une intelligence rusée, Jeffrey Epstein a manipulé les environnements de l'élite pour dissimuler la criminalité. Mais la façade permise par des réseaux de contacts influents s'est effondrée une fois que des victimes courageuses ont brisé des décennies de silence sur le libertin privilégié. Leur façon de dire la vérité a percé la bulle d'invincibilité sur laquelle Epstein s'appuyait, révélant les profondeurs dans lesquelles les gens peuvent sombrer lorsque la richesse et le statut favorisent la déficience morale.

PARTIE

III

Jugement Et Autres

Révélations

Chapitre 7

Son Arrestation Définitive Et Sa Mort

Bien qu'il ait échappé à une punition sévère pendant des années après son accord de plaidoyer de 2008, la chance de Jeffrey Epstein s'est brusquement épuisée au milieu de l'évolution des sentiments du public à l'ère explosive de la #MeToo menaçant de conséquences pour les riches agresseurs. Le 6 juillet 2019, une décennie après sa peine clémente, des agents fédéraux ont défoncé les imposantes portes en chêne de la maison de ville new-yorkaise d'Epstein, d'une valeur de 77 millions de dollars, serrant des mandats de perquisition.

À l'intérieur du manoir en pierre de sept étages considéré comme l'une des plus grandes maisons privées de Manhattan, les enquêteurs ont découvert un trésor de contenu illicite. Des coffres-forts cachés contenaient des disques compacts étiquetés ainsi que des milliers de photographies explicites de filles et de femmes mineures nues, corroborant les récits des victimes d'exploitation sexuelle.

Quelques jours plus tard, le 8 juillet, les procureurs fédéraux de New York ont arrêté et inculpé Epstein, 66 ans, de trafic sexuel d'enfants et de complot. L'acte d'accusation décrivait un réseau de crimes présumés impliquant des dizaines de mineurs vulnérables amenés d'un État à l'autre dans les luxueuses maisons d'Epstein, où des membres du personnel facilitaient des massages érotiques et des abus sexuels.

Enfermé dans une cellule clairsemée du Metropolitan Correctional Center, l'espoir de voir Epstein tirer parti de son immense richesse et de ses relations pour tromper à nouveau la justice s'est évanoui. Les procureurs généraux visaient à poursuivre les facilitateurs présumés d'Epstein comme la mondaine britannique Ghislaine Maxwell, accusée d'avoir recruté de nombreuses victimes et parfois participé directement à des agressions, selon les survivants. Alors que les victimes pleuraient au tribunal, le prestige social d'Epstein, autrefois étincelant, semblait irrémédiablement brisé.

Pourtant, dans un dernier rebondissement choquant, Epstein a été découvert mort par pendaison dans sa cellule de prison le 10 août 2019 alors qu'il attendait son procès. Le Bureau des prisons a rapidement déclaré qu'il s'agissait apparemment d'un suicide. Mais les pathologistes ont noté que les fractures inhabituelles du cou d'Epstein ressemblaient plus à une strangulation homicide qu'à une auto-pendaison. Les avocats et la famille du financier décédé ont annoncé l'ouverture d'une enquête, alléguant des preuves « beaucoup plus cohérentes » de meurtre que de suicide.

Les enquêtes ont également révélé une négligence grave de la part des responsables de la prison qui ont violé plusieurs protocoles la nuit précédant la mort d'Epstein. Les registres des gardes ont été falsifiés pour montrer des contrôles réguliers fabriqués sur des détenus à haut risque comme Epstein qui n'ont jamais eu lieu. Et des caméras de sécurité vitales ont mystérieusement mal fonctionné à l'extérieur de sa cellule la nuit où Epstein a péri.

La co-conspiratrice accusée d'Epstein en 2008, Ghislaine Maxwell, a avancé les théories les plus sinistres et inattendues sur sa mort en prison dans un dossier judiciaire, déclarant de manière inquiétante : « Le gouvernement a caché à la Cour l'heure et les circonstances exactes de la mort de M. Epstein...

soulignant pourquoi Mme Maxwell a raison de ne pas faire confiance au gouvernement.

Pourtant, si Epstein a obtenu son silence permanent par des moyens secrets pour empêcher d'étaler davantage de linge sale au tribunal, ironiquement, cela a produit le résultat inverse. L'intrigue publique a explosé sur la façon dont un détenu aussi médiatisé qui risquait la prison à vie a réussi à mourir commodément dans une prison fédérale compte tenu des enjeux, attisant les théories de complots obscurs pour le réduire au silence.

Et plutôt que de se laisser séduire, Epstein est resté fermement sous les feux de la rampe, même dans la mort. HBO et Netflix ont produit des documentaires spéciaux en 2020 qui ont davantage fait connaître les crimes et mis en évidence les liens d'Epstein avec Donald Trump pendant son style de vie sauvage de célibataire des années 1990. Des théories ont également germé sur la question de savoir si des personnes puissantes comme l'ancien président Bill Clinton associé à Epstein ont fait face à un chantage, contribuant à alimenter des mouvements conspirationnistes comme QAnon.

À travers une justice défaillante, une incarcération incompétente et un mystère enveloppant en permanence les causes de sa disparition, la saga de Jeffrey Epstein a souligné le traitement spécial souvent accordé aux personnes extrêmement privilégiées en Amérique. Pourtant, la fin choquante d'Epstein a également illustré les fissures qui se forment dans la bulle protectrice de l'élite, les fautes passées ayant été rendues possibles pendant des années et faisant finalement face à une condamnation morale renouvelée et à une pression pour une responsabilité significative.

Ironiquement, les efforts d'Epstein et de ses confidents pour dissimuler ses méfaits par des tactiques de réduction au silence ont finalement produit le résultat inverse, amplifiant involontairement l'indignation du public et les demandes de transparence concernant toute la vérité sur les puissants agresseurs qui contournent les conséquences. Jusqu'à ce que l'inévitable et explosive prise de conscience les rattrape grâce à la persévérance de leurs survivants de traumatismes qui cherchent collectivement à obtenir justice contre vents et marées.

En voyant la mort atteindre le prisonnier notoire dans leurs murs très sécurisés, le centre correctionnel métropolitain s'est également retrouvé contre son gré sous un examen minutieux qu'il n'était pas préparé à gérer.

L'autopsie, le testament final et l'enterrement d'Epstein ont tous fait l'objet d'un examen minutieux et d'une controverse, ce qui a ajouté à la complexité de son histoire. Le corps d'Epstein a été transféré de l'hôpital de New York au bureau du médecin légiste, où une autopsie a été pratiquée le 11 août 2019. Le résultat préliminaire de l'autopsie a révélé qu'Epstein avait subi de multiples fractures dans les os du cou, y compris l'os hyoïde.

Des fractures de l'os hyoïde peuvent survenir en cas d'auto-pendaison, mais elles sont plus fréquemment observées chez les personnes qui ont été victimes d'une strangulation homicide. Le médecin légiste a statué que la mort d'Epstein était un suicide par pendaison, mais les avocats de la défense d'Epstein n'étaient pas satisfaits de la conclusion et menaient leur enquête indépendante sur la cause de la mort d'Epstein.

Michael Baden, un pathologiste indépendant embauché par la succession d'Epstein, a observé l'autopsie et a déclaré qu'Epstein avait subi plusieurs blessures qui sont plus fréquentes dans les cas de strangulation homicide. Baden a exprimé l'opinion que la preuve suggère un homicide plutôt qu'un suicide.

Il a été rapporté qu'Epstein avait signé son dernier testament le 8 août 2019, deux semaines après avoir été retrouvé blessé dans sa cellule et quelques jours avant sa mort. Le testament de Jeffrey Epstein désignait deux employés de longue date comme exécuteurs testamentaires et transférait instantanément tous ses actifs, ainsi que tous les biens restants de sa succession, à une fiducie.

Après l'autopsie, le frère d'Epstein, Mark, a réclamé son corps. Le corps d'Epstein a été enterré dans une tombe anonyme adjacente aux lieux de repos de ses

parents au cimetière I.J. Morris Star of David à Palm
Beach, en Floride, le 5 septembre 2019. Pour
dissuader le vandalisme, les noms des parents
d'Epstein ont été effacés de leurs pierres tombales.

Les circonstances entourant la mort d'Epstein, le
contenu de son testament et les détails de son
enterrement ajoutent tous à la complexité de son
histoire. La controverse entourant sa mort et l'enquête
qui s'en est suivie ont laissé de nombreuses questions
sans réponse et ont contribué à l'intrigue entourant sa
vie. L'héritage de Jeffrey Epstein continuera d'être
débattu et scruté pour les années à venir.

Chapitre 8

Elon Musk Et L'affaire Jeffrey Epstein

Dans les îles Vierges américaines, une nouvelle bataille juridique impliquait le célèbre entrepreneur et milliardaire Elon Musk. Le gouvernement de l'île a entamé une action en justice contre le géant bancaire JPMorgan Chase, affirmant que la banque a sciemment permis les opérations de trafic sexuel de Jeffrey Epstein en le gardant comme client pendant des années.

Epstein possédait un domaine sur les îles où il avait amené de nombreuses jeunes femmes. Dans le cadre de la preuve de leur dossier contre JP Morgan, les îles Vierges cherchent à obtenir des assignations à comparaître de grande envergure de personnes de haut niveau ayant des liens avec Epstein et ses transactions financières. Récemment, des efforts ont commencé à servir Elon Musk, PDG de Tesla et SpaceX, pour le contraindre à témoigner concernant ses liens présumés avec Epstein et JP Morgan.

Il y a eu des spéculations basées sur les affirmations d'Epstein selon lesquelles il aurait à un moment donné conseillé Elon Musk sur des questions commerciales impliquant une enquête de la SEC. Jusqu'à présent, le gouvernement de l'île a eu énormément de mal à localiser et à signifier correctement les documents de Musk nécessitant son témoignage. Ils ont tenté en vain de trouver son adresse, de contacter son avocat et de fournir l'assignation à comparaître par l'intermédiaire de sa société Tesla.

Musk lui-même a reconnu l'existence de l'assignation à comparaître dans un tweet, mais a rejeté l'idée qu'il ait jamais reçu des conseils d'Epstein. Il affirme également qu'Epstein ne l'a jamais présenté en tant que client à JP Morgan. Cependant, son évitement apparent d'accepter un service formel soulève des sourcils sur les raisons pour lesquelles Musk semble réticent à fournir un témoignage sous serment sur ces sujets. Bien qu'Elon Musk nie fermement avoir été conseillé par Jeffrey Epstein ou présenté à JP Morgan par lui, il existe certains liens documentés entre les deux hommes de haut niveau.

Dans le passé, Epstein lui-même s'est vanté d'avoir conseillé Musk et d'autres personnalités du monde des affaires comme Bill Gates. Plus précisément, il a affirmé avoir guidé Musk en 2018 lorsque l'entrepreneur a fait l'objet d'un examen minutieux de la SEC et d'accusations potentielles pour des tweets controversés sur la privatisation de Tesla.

À l'époque, Tesla a publié une déclaration niant qu'Epstein ait fourni quelque conseil que ce soit à Musk lors de cet incident ou à tout autre moment. Cependant, des doutes subsistent quant à l'exactitude de ce démenti, compte tenu de l'habitude bien connue d'Epstein de nommer des contacts puissants.

La seule interaction confirmée entre les deux a eu lieu lorsqu'Epstein a assisté à un dîner avec Musk en 2011 au domicile du cofondateur de LinkedIn, Reid Hoffman. D'après la plupart des témoignages, le dîner s'est déroulé sans incident et les deux hommes n'ont pas eu d'autres contacts par la suite. Musk a déclaré par divers canaux qu'il trouvait Epstein « effrayant » et qu'il cherchait à éviter toute association. Cependant, il a refusé de fournir une déclaration sous serment plus définitive concernant des conseils, des références ou d'autres transactions avec Epstein.

Alors qu'Elon Musk continue d'éviter de fournir un témoignage juridique formel sur sa connaissance de Jeffrey Epstein et de JP Morgan, les enjeux sont de plus en plus élevés. Il a reconnu sur Twitter qu'il était au courant de l'assignation à comparaître des îles Vierges américaines, mais qu'il n'accepterait pas de service par les voies habituelles.

Bientôt, le gouvernement de l'île soumettra la demande à la juge fédérale Loretta Preska et demandera l'autorisation de signifier à Musk par voie électronique ou par d'autres moyens. Étant donné qu'il a discuté publiquement de l'assignation à comparaître, il y a de fortes chances que la demande soit accordée.

Si Elon Musk continue d'esquiver le témoignage, même une fois le service alternatif approuvé, il pourrait faire face à un risque juridique très réel. Il peut s'agir d'accusations d'outrage au tribunal ayant entraîné des mesures drastiques pour contraindre à coopérer. Les sanctions potentielles pour défiance vont de lourdes amendes à même une peine de prison pour Musk jusqu'à ce qu'il obtempère.

Pour quelqu'un qui a une richesse et un pouvoir personnels énormes, être essentiellement forcé de témoigner est inouï. Musk a les moyens de continuer à esquiver indéfiniment et de risquer d'escalader les décisions de justice. Sa réputation pourrait en prendre un coup majeur, peut-être irréversible, même s'il n'a rien de vraiment dommageable à révéler sur Epstein ou JP Morgan lorsqu'il est mis sous serment.

La question reste de savoir pourquoi Musk ne se conformera pas volontairement, ne fournira pas de véritables dénégations d'implication et ne passera pas à autre chose. Au fur et à mesure que la pression juridique s'intensifie, sa stratégie comporte plus de risques, mais fait peut-être allusion à des secrets qui ne sont pas destinés à être connus du public.

Chapitre 9

Lever Les Scellés Sur Les Dossiers

Dans ce que l'on appelle une bombe potentielle, un témoignage plus secret devant un grand jury de l'affaire controversée du délinquant sexuel condamné Jeffrey Epstein en Floride en 2008 pourrait bientôt être rendu public. Ce témoignage contient d'autres témoignages de première main d'adolescentes victimes concernant les abus sexuels présumés et les activités de trafic sexuel d'Epstein. Le grand jury a siégé en 2006 lors d'une enquête sur Epstein menée par les autorités du comté de Palm Beach. Les critiques ont accusé les autorités de faire preuve d'une indulgence excessive envers le riche financier à l'époque.

Epstein a pu plaider coupable à des accusations mineures de prostitution d'État plutôt que de faire face à de graves accusations fédérales plus tard. Aujourd'hui, plus d'une décennie plus tard, le journal local Palm Beach Post a poursuivi sans relâche une action en justice pour desceller tous les détails de ces dossiers du grand jury. Malgré leur sacro-sainte vie privée, une cour d'appel a statué que l'intérêt public dans cette affaire justifiait une rare exception. À moins d'un dernier appel réussi devant la Cour suprême de Floride, les témoignages des victimes d'Epstein et peut-être même des références à ses associés de haut niveau pourraient être exposés.

L'expert juridique Nick Ackerman, ancien procureur du Watergate, estime que les dossiers non scellés constitueront un trésor de révélations sur les crimes d'Epstein. Des dizaines de victimes ont témoigné devant le grand jury de 2006, fournissant des détails explicites sur l'exploitation sexuelle par Epstein. Cela inclut les récits d'Epstein « mettant en place » ses victimes avec d'autres hommes riches et influents pour d'autres abus. Plusieurs dizaines de victimes potentielles ont été identifiées par les détectives à l'époque, mais de manière suspecte, seules les allégations d'une seule fille ont été portées devant le grand jury.

Les circonstances opaques entourant une présentation aussi inhabituellement étroite des preuves soulèvent de nouveaux soupçons de corruption dans le processus. Espérons que les documents non scellés pourront faire la lumière sur les raisons de cette sélectivité apparemment biaisée. Bien que l'accent ait pu être strictement centré sur Epstein lui-même à l'origine, les victimes ont très probablement nommé certains de ses « clients » réguliers et des facilitateurs comme Ghislaine Maxwell. L'ampleur des accusations dans ses cercles sociaux en dira long sur la façon dont il était protégé.

Pour d'autres personnalités de l'élite étroitement liées
à Jeffrey Epstein au fil des ans, il est peu probable que
ces révélations imminentes du grand jury apportent
de bonnes nouvelles. Des accusations sordides sont
probables ; Les preuves pénales concrètes le sont
moins. Néanmoins, une attention renouvelée sur
l'étendue de la complicité bénéficiant à Epstein sera,
au mieux, inconfortable. Des personnalités comme le
milliardaire Leslie Wexner, le président de JP Morgan
Chase, Jamie Dimon, et même des membres de la
royauté britannique comme le prince Andrew se sont
résignés à la tache permanente sur leur caractère due
à Epstein. Cependant, des témoignages alléguant
spécifiquement une participation directe à des crimes
sexuels contre des enfants aggraveraient
considérablement les choses. Et même les
associations plus éloignées de la criminalité peuvent
souffrir de culpabilité par connexion.

En fin de compte, la diffusion publique du linge sale
de Jeffrey Epstein entache tous ceux qui ont blanchi

sa réputation pour lui tenir compagnie après sa condamnation initiale. Il n'y a aucune sympathie pour les facilitateurs qui ont choisi d'ignorer à quel point Epstein était un prédateur afin de pouvoir continuer à profiter de l'accès à son immense richesse et à son influence. Pour ses victimes et ceux qui viennent d'avoir le cœur brisé par l'échec de la poursuite des co-conspirateurs d'Epstein, peut-être que ces révélations peuvent apporter une petite mesure de fermeture.

Questions cruciales

La publication imminente des dossiers du grand jury
de Jeffrey Epstein stimule les spéculations naturelles ;

D'autres dominos pourraient-ils tomber ?

De nouvelles poursuites pourraient-elles encore voir
le jour ?

Malgré le suicide d'Epstein qui a mis fin à sa
responsabilité pénale et la récente condamnation de
Ghislaine Maxwell, des soupçons persistent selon
lesquels tous ceux qui ont contribué à permettre des
abus sexuels en série sur des enfants n'ont pas encore
été traduits en justice. Par exemple, lors du procès
très médiatisé de Maxwell, l'une des co-conspiratrices
nommées était Sarah Kellen, qui aurait aidé à
programmer des victimes pour Epstein et a depuis
commencé une nouvelle vie à l'étranger.

Pourtant, elle n'a fait l'objet d'aucune accusation, ni dans l'affaire de 2008 en Floride, ni dans la récente poursuite de New York contre Maxwell. Peut-être que les preuves des témoignages passés devant un grand jury peuvent soutenir une nouvelle enquête sur des personnalités comme elle. De plus, l'absence d'autres déclarations du procureur de New York à la suite de la condamnation de Maxwell suggère que des enquêtes sont en cours dans les coulisses.

Sinon, pourquoi négliger une occasion de rassurer le public sur le fait que toutes les pierres ont été retournées ? Des négociations pourraient être en cours pour inciter les complices nommés à fournir des informations sur des auteurs de haut rang en échange d'une clémence en matière de peine. Alors que nous connaissons maintenant toute l'étendue de la richesse de Jeffrey Epstein, quels autres secrets précieux a-t-il emportés dans la tombe ?

Son petit livre noir de contacts de l'élite peut-il révéler plus de personnes qui ont financé ou même participé directement au syndicat international de trafic sexuel d'Epstein ? Peut-être pas, mais un nouvel examen des dossiers du grand jury de Floride offre l'espoir de réponses supplémentaires et peut-être d'une responsabilité attendue depuis longtemps.

Même si aucune autre poursuite ou même aucune allégation n'émerge des documents du grand jury de Jeffrey Epstein, le tribunal de la perception du public a déjà ravagé la réputation de personnalités autrefois respectées proches d'Epstein.

Des gens comme Leslie Wexner, le prince Andrew, Bill Gates, l'ancien président de la banque Jes Staley et d'autres doivent vivre à jamais sous des nuages de soupçons qu'ils ont au moins fermé les yeux sur la déviance et les abus sexuels d'Epstein en échange de l'accès à son immense richesse et à son influence. Et les institutions elles-mêmes qui ont permis les crimes d'Epstein entretiennent également des taches durables, infligeant peut-être une certaine responsabilité financière.

Pendant des décennies, Jeffrey Epstein a magistralement construit un voile de fausse respectabilité pour dissimuler sa criminalité par le biais de tels soutiens de la part des principaux piliers du monde des affaires, de la banque et de la haute société. Enfin, toute la profondeur et l'ampleur de la façon dont il a utilisé son statut et ses privilèges comme une arme pour violer continuellement les jeunes femmes et les filles ont été exposées aux yeux de tous, y compris de ceux qui l'ont protégé.

Chapitre 10

Nouvelles Révélations Troublantes

Des documents judiciaires récemment publiés fournissent des informations troublantes à partir des entretiens d'un détective principal avec des dizaines de victimes mineures présumées de Jeffrey Epstein. La plupart étaient des adolescentes sans expérience en massage qui ont été recrutées pour fournir des massages à la maison d'Epstein à Palm Beach. Ils seraient payés s'ils amenaient des amis à Epstein.

Le détective Joseph Recarey a témoigné que les filles étaient souvent choisies délibérément en fonction de vulnérabilités telles que le manque de liens familiaux qui les rendraient moins susceptibles de signaler les mauvais traitements. Les victimes ont décrit une tendance à être amenées à Epstein et à subir des pressions pour qu'elles intensifient les actes sexuels sans consentement. Certains ont obtempéré par peur, tandis que d'autres ont courageusement rejeté ses avances.

Le témoignage révèle également comment Ghislaine Maxwell et d'autres ont facilité les abus en recrutant activement des filles. L'une des victimes qui s'est manifestée, Virginia Roberts Giuffre, n'avait que 16 ans et ne savait pas qu'un massage impliquerait des actes sexuels. Le détective a clairement indiqué qu'aucune des plus de 30 filles qu'il a interrogées n'avait de compétences professionnelles en massage. ils ont été exploités uniquement pour satisfaire les désirs criminels d'Epstein.

Les documents non scellés font référence à plusieurs personnalités de premier plan ayant des liens avec Jeffrey Epstein avant et après sa condamnation en 2008 pour avoir sollicité des filles mineures. Leur inclusion les lie à un prédateur sexuel d'enfants confirmé, ce qui soulève de sérieuses questions.

L'ancien président Bill Clinton est mentionné à plusieurs reprises concernant les voyages en jet privé d'Epstein et si Clinton a déjà visité son île des Caraïbes. Il n'existe aucune allégation d'abus à l'égard de Clinton, mais son amitié continue avec Epstein après sa condamnation est moralement discutable.

La milliardaire Leslie Wexner avait déjà employé Ghislaine Maxwell pendant des années. Une victime présumée le lie à la connaissance directe d'activités sexuelles illégales avec des mineurs au domicile d'Epstein alors qu'il était absent.

Le prince Andrew fait face aux accusations les plus accablantes d'avoir participé directement à l'exploitation sexuelle d'un mineur à plusieurs reprises. Une interaction inconfortable avec une marionnette suggère des outils personnalisés d'Epstein pour abuser des filles.

Le célèbre avocat de la défense Alan Dershowitz est également impliqué par Jane Doe dans les abus qu'elle a subis au fil des ans, bien que Virginia Giuffre ait retiré ses plaintes antérieures contre lui. La crédibilité des nouvelles accusations détaillées mérite d'être examinée.

Des activités présumées jusque-là inconnues proviennent des victimes, comme le célèbre magicien David Copperfield, indiquant qu'il était au courant d'actes illégaux. Une victime se souvient qu'il discutait avec désinvolture du stratagème d'Epstein consistant à payer des primes aux filles pour recruter des amis, compte tenu de ce que nous savons maintenant sur le recrutement délibéré de mineurs.

Jean-Luc Brunel est décrit comme utilisant des liens avec des agences de mannequins étrangères pour canaliser des jeunes filles vers Epstein. Son histoire connue d'accusations d'agression sexuelle s'étendant sur des décennies montre clairement que les autorités étaient au courant à un certain niveau. Tragiquement, il semble que les plaintes concernant les abus systématiques de la part d'immigrants à faible revenu aient été ignorées à plusieurs reprises jusqu'à ce que Brunel meure d'un suicide présumé.

Et l'excentrique milliardaire Tom Pritzker est nouvellement impliqué dans les rencontres forcées d'une victime présumée. Bien qu'aucune accusation n'ait été déposée, les liens avec des membres de la famille comme le gouverneur de l'Illinois, J.B. Pritzker, feront l'objet d'un examen minutieux.

Aucune présomption de bonne conduite ne peut être faite pour l'élite si des indices de pédophilie existent dans le cercle restreint de Jeffrey Epstein.

Alors que le vaste réseau de connaissances de l'élite mondiale d'Epstein est épluché, peu de noms viennent maintenant comme une surprise étant donné l'aveuglement volontaire à sa dépravation criminelle. Cependant, l'ampleur des récits détaillés de la traite devrait choquer tout être humain décent. Trop de personnages puissants ont échappé aux conséquences en s'entourant d'immenses privilèges. Il reste impossible d'obtenir justice pour les victimes exploitées, qui n'a que trop tardé, à moins que tous les auteurs et les facilitateurs ne fassent l'objet d'une enquête approfondie.

Des révélations explosives ont également émergé selon lesquelles Jeffrey Epstein, le tristement célèbre financier et délinquant sexuel condamné, aurait tenté de faire chanter le milliardaire de Microsoft, Bill

Gates. Selon un article du Wall Street Journal, Epstein a contacté Gates en 2017 pour demander le remboursement des paiements effectués à une femme russe avec laquelle Gates aurait eu une liaison des années auparavant. Le porte-parole de Gates a depuis confirmé qu'Epstein exploitait les informations compromettantes pour servir ses intérêts.

Bien qu'elles ne soient pas prouvées, ces allégations s'alignent sur les spéculations selon lesquelles Epstein a systématiquement exploité les secrets sexuels des riches et des puissants à des fins personnelles. L'obtention d'un accès extraordinaire aux cercles de l'élite après sa condamnation en 2008, y compris une procuration sur les finances de Leslie Wexner, a amené les observateurs à s'interroger sur l'influence exercée par Epstein. Ce récit de la tentative de chantage de l'un des hommes d'affaires les plus en vue au monde donne peut-être l'aperçu le plus clair à ce jour de la méthodologie d'Epstein.

Alors, quel était le lien entre Jeffrey Epstein et Bill Gates ?

Et comment Epstein est-il entré en contact avec la maîtresse présumée de Gates en premier lieu ?

Alors que Gates a minimisé les liens avec Epstein depuis les révélations de son trafic sexuel, leurs multiples rencontres et contacts partagés suggèrent des liens significatifs. La femme en question, l'ancien mannequin russe Elena Antonova, nie avoir eu connaissance des crimes ou des arrière-pensées d'Epstein lorsqu'il lui a offert une aide financière pour l'éducation et même le logement. Elle considérait cela comme de la philanthropie.

Un conseiller de Gates, Boris Nikolic, a présenté Antonova à Epstein. De manière choquante, Nikolic a été nommé exécuteur testamentaire d'Epstein quelques semaines avant sa mort en prison en 2019. Nikolic dit qu'il regrette d'avoir jamais rencontré

Epstein, étant donné la nature méprisable de ses actes contre les jeunes femmes. Mais le réseau reliant Gates et Epstein semble complexe, l'argent et l'influence obscurcissant des secrets infâmes.

Le contexte dans lequel Epstein a approché Gates au sujet du système de chantage est lié au fait qu'Epstein cherchait à investir dans un fonds caritatif proposé par Gates et d'autres pour s'enrichir et réintégrer des cercles sociaux importants après la prison.

Epstein a poursuivi des relations avec des milliardaires, s'attaquant avec voracité aux riches et aux puissants, malgré la crédibilité sérieusement ternie de son accord de plaidoyer de 2008. Pourtant, JP Morgan, Deutsche Bank et d'autres institutions ont continué à travailler avec Epstein jusqu'à ce que le Miami Herald révèle la tape sur les doigts qu'il a initialement reçue. Il a astucieusement utilisé la promesse d'accès à ceux qui se trouvaient dans son orbite pour le bénéfice des institutions, ainsi que des menaces comme celles alléguées par Gates à des fins personnelles.

À bien des égards, les preuves indiquaient déjà l'influence d'achat d'Epstein en utilisant des moyens louches sans confirmation explicite. La volonté de Gates de valider les tactiques d'Epstein soulève des questions sur qui d'autre a été la proie de stratagèmes cachés à la vue de tous. Combien d'autres révélations troublantes se cachent sous la surface ? Les actions en justice en cours visant le vaste réseau financier d'Epstein pourraient révéler d'autres secrets sombres alors que les victimes cherchent à obtenir des comptes niés pendant des années. Peut-être que les horribles vérités de la tromperie entourant d'autres personnalités célèbres peuvent enfin émerger également.

Épilogue

Jeffrey Epstein est un homme dont le nom est devenu synonyme de richesse, de pouvoir et du plus odieux des crimes. C'est un conte qui transcende les limites de la compréhension conventionnelle, plongeant dans les recoins les plus sombres de la nature humaine et les complexités des couches sociales de l'élite. L'héritage de Jeffrey Epstein continue de provoquer des intrigues, de l'indignation et une poursuite implacable de la justice.

Alors que la poussière retombe sur la saga tumultueuse de Jeffrey Epstein, les questions persistantes et la recherche incessante de la vérité persistent. Les révélations de ses crimes sordides, le réseau de connexions puissantes et la nature insidieuse de ses opérations ont laissé une marque indélébile sur la société.

Le petit livre noir, un compendium de l'élite mondiale, est un témoignage obsédant de l'influence considérable et des courants insidieux sous-jacents qui ont imprégné le monde d'Epstein. C'est un rappel effrayant de la nature omniprésente de la corruption et de la fragilité de la confiance dans les plus hautes sphères du pouvoir.

Le procès à venir de Ghislaine Maxwell, la co-conspiratrice et associée présumée d'Epstein, se profile à l'horizon, promettant de déterrer d'autres couches de la toile complexe qu'Epstein a tissée. La quête de justice pour les victimes, le dévouement indéfectible des journalistes d'investigation et les efforts inlassables des forces de l'ordre sont des lueurs d'espoir dans la quête incessante de l'obligation de rendre des comptes.

L'énigme de Jeffrey Epstein, un homme qui cultivait une aura de prouesses intellectuelles et de philanthropie tout en dissimulant les crimes les plus odieux, continue de déconcerter et de captiver. Sa capacité à naviguer dans les couloirs du pouvoir en toute impunité, en tirant parti de sa richesse et de son influence pour perpétrer des atrocités innommables, constitue un acte d'accusation sévère contre un système qui a permis à des abus aussi flagrants de persister.

La tapisserie complexe de sa vie, tissée de fils d'opulence et de dépravation, sert de mise en garde, un rappel brutal des forces insidieuses qui se cachent sous le vernis du prestige et de la richesse.

Le récit définitif de la vie et des crimes de Jeffrey Epstein, tel qu'il est relaté dans ce livre, est une forte volonté de découvrir la vérité et de demander justice pour les victimes. C'est un récit qui transcende les limites de la simple biographie, plongeant au cœur des ténèbres qui ont imprégné le monde d'Epstein et les implications profondes de ses actions. L'héritage de Jeffrey Epstein, un homme qui est passé de l'obscurité à l'infamie, restera à jamais gravé dans les annales de l'histoire comme un rappel effrayant de la fragilité inhérente de la confiance et de la poursuite durable de la justice face à un mal indicible.

Les échos des crimes de Jeffrey Epstein continueront de résonner dans les couloirs du pouvoir, dans les annales de la justice et dans la conscience collective de la société. C'est une histoire qui défie l'entendement, un récit d'une dépravation sans précédent et de la résilience inébranlable de l'esprit humain. Les crimes scandaleux de Jeffrey Epstein témoignent de la poursuite constante de la vérité, de la quête incessante de justice et de l'esprit indomptable de ceux qui ont été touchés par sa malveillance.

Wedding Memories & Photographs

Wedding Memories &
Photographs

Wedding Memories & Photographs

Wedding Memories & Photographs

Wedding Memories & Photographs

Wedding Memories &
Photographs

Wedding Memories & Photographs

www.ingramcontent.com/pod-product-compliance
Lightning Source LLC
Chambersburg PA
CBHW070743250726
48662CB00004B/1621